Impressum
Verlag: BABADADA GmbH, Nedderfeld 112 , 22529 Hamburg
Geschäftsführer / Verlagsleitung: Harald Hof
Druck: Books on Demand GmbH, In de Tarpen 42, 22848 Norderstedt

Imprint
Publisher: BABADADA GmbH, Nedderfeld 112 , 22529 Hamburg, Germany
Managing Director / Publishing direction: Harald Hof
Print: Books on Demand GmbH, In de Tarpen 42, 22848 Norderstedt

school

мактаб

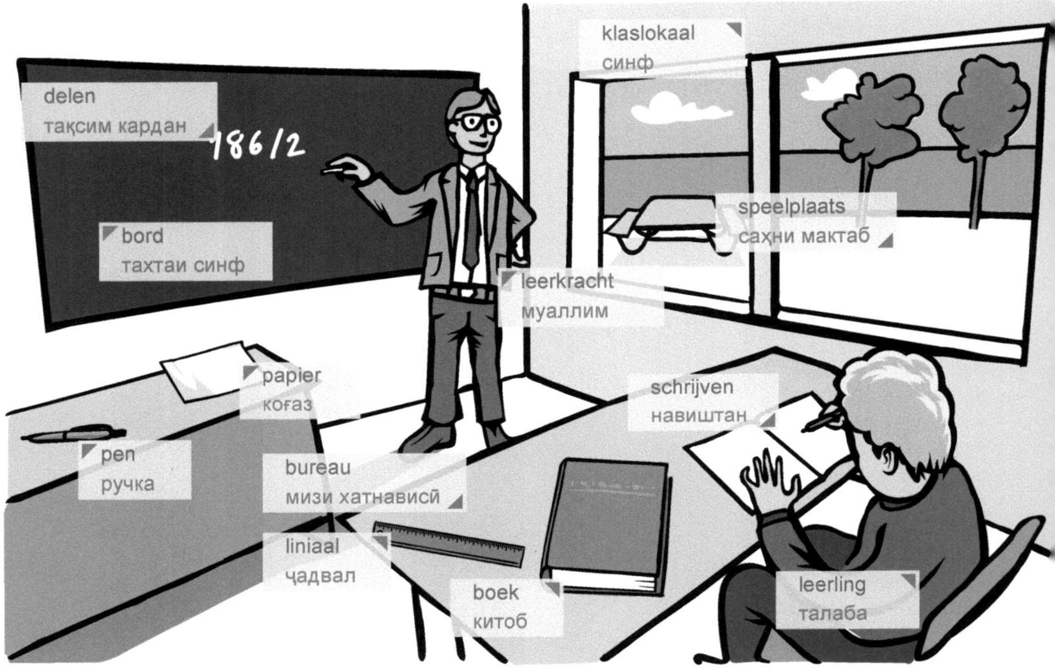
klaslokaal
синф
delen
тақсим кардан
186/2
bord
тахтаи синф
speelplaats
саҳни мактаб
leerkracht
муаллим
papier
коғаз
schrijven
навиштан
pen
ручка
bureau
мизи хатнависӣ
liniaal
ҷадвал
boek
китоб
leerling
талаба

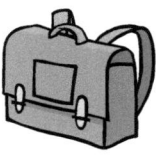

schooltas

ҷузвдон

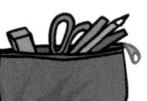

pennenzak

қаламдон

potlood

қалам

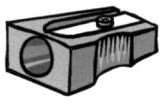

puntenslijper

қаламтезкунак

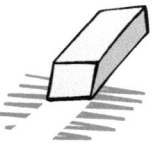

gom

хаткуркунак

tekenblok

блокноти расмкашӣ

tekening

расм

verfborstel

мӯқалами рассомӣ

verfdoos

қуттии рангхо

schaar

қайчӣ

lijm

ширеш

werkboek

дафтари машқ

huiswerk

вазифаи хонагӣ

nummer

рақам

optellen

ҷамъ кардан

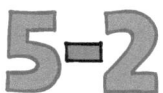

aftrekken

кам кардан

vermenigvuldigen

зарб задан

rekenen

ҳисоб кардан

letter

ҳарф

alfabet

алфавит

woord

калима

tekst

матн

Lezen

хондан

krijt

бӯр

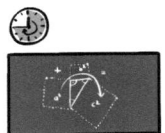

les

дарс

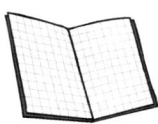

klassenboek

журнали синфӣ

examen

имтиҳон

certificaat

шаҳодатнома

schooluniform

либоси мактабӣ

onderwijs

таҳсил/маориф

encyclopedie

энсиклопедия

universiteit

донишгоҳ

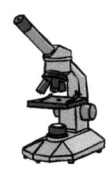

microscoop

микроскоп (more frequently used)

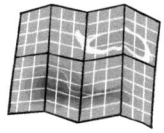

kaart

харита

papiermand

сабади партофҳои коғазӣ

4
school - мактаб

reis

саёҳат

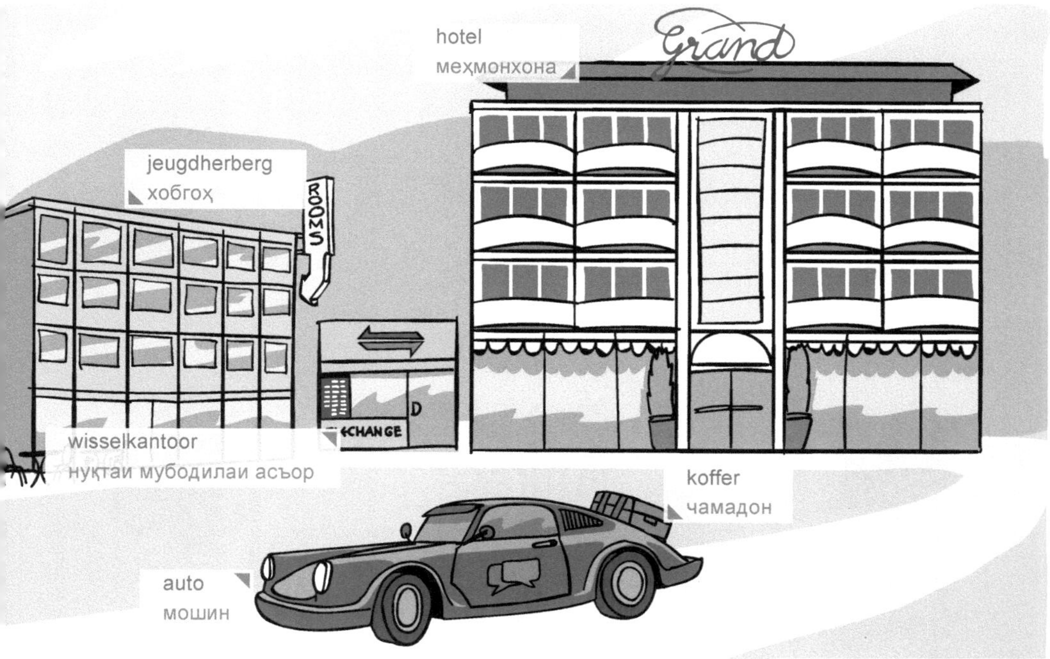
hotel
меҳмонхона
jeugdherberg
хобгоҳ
wisselkantoor
нуқтаи мубодилаи асъор
koffer
чамадон
auto
мошин

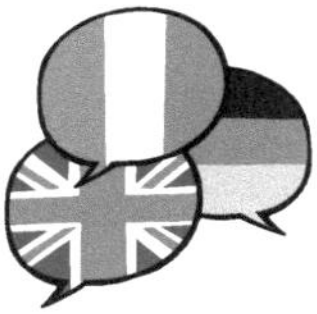

Taal

забон

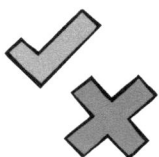

ja / nee

ҳа / не

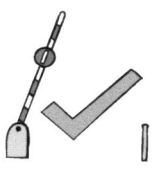

oké

Хуб

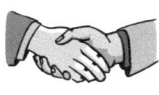

hallo

Ассалому алейкум

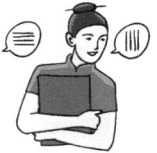

vertaler

тарҷумон

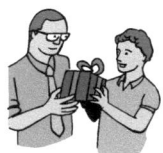

bedankt

Раҳмат

Hoeveel kost …?

чӣ қадар аст …?

Ik begrijp het niet

Ман намефаҳмам

probleem

проблема

Goedenavond!

шаб ба хайр!

Goedemorgen!

субҳ ба хайр

Goedenavond!

шаби хуш

Tot ziens

хайр

richting

равона

bagage

бағоч

zak

ҷузвдон

rugzak

борхалта

gast

меҳмон

kamer

хона

slaapzak

хобхалта

tent

хайма

toeristeninformatie

маълумоти сайёхӣ

strand

соҳил

kredietkaart

корти кредитӣ

ontbijt

наҳорӣ

lunch

хӯроки пешин

avondeten

хӯроки шом

ticket

чипта

lift

лифт

postzegel

марка

grens

сарҳад

douane

Гумрук

ambassade

сафорат

visum

раводид

paspoort

шиноснома

transport

нақлиёт

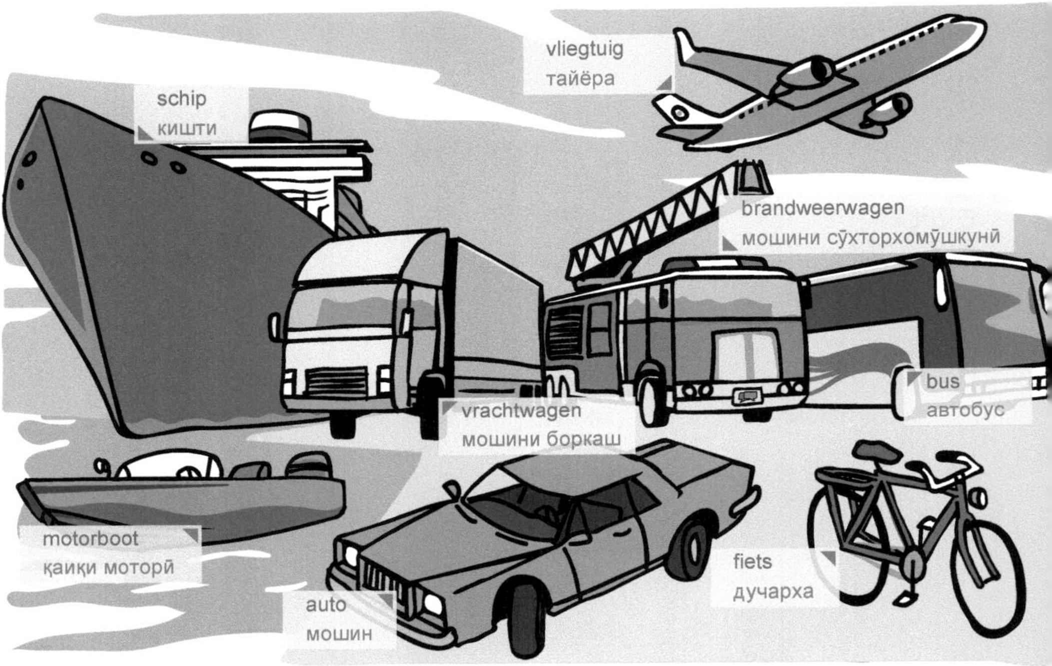
vliegtuig
тайёра
schip
кишти
brandweerwagen
мошини сӯхторхомӯшкунӣ
bus
автобус
vrachtwagen
мошини боркаш
motorboot
қаиқи моторӣ
fiets
дучарха
auto
мошин

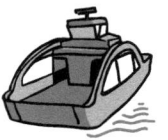

veerboot

паром

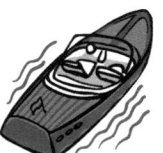

boot

қаиқ

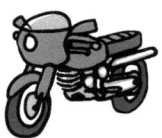

motor

мотосикл

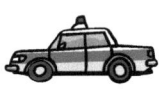

politiewagen

мошини полис

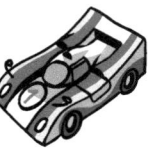

racewagen

мошини тезрави пойгаи

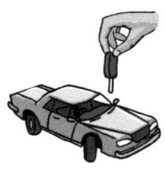

huurauto

кирояи мошинҳо

carpoolen

ҳамроҳ истифодабарии мошин

sleepwagen

эвакуатор

vuilniswagen

павтовҷамъкунӣ

motor

муҳаррик

benzine

сӯзишворӣ

benzinestation

нуқтаи фурӯши сӯзишворӣ

verkeersbord

аломати роҳ

verkeer

ҳаракат

file

бандшавии ҳаракати роҳ

parkeerplaats

ҷои исти мошинҳо

station

истгоҳи роҳи оҳан

sporen

роҳи оҳан

trein

қатора

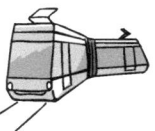

tram

тамвай

wagon

вагон

helikopter

чархбол

luchthaven

фурудгоҳ

toren

манора

passagier

мусофир

container

контейнер

karton

қутии картонӣ

kar

ароба

mand

сабад

opstijgen / landen

гирифтан / замин

stad

шаҳр

dorp

деҳа

stadscentrum

маркази шаҳр

huis

хона

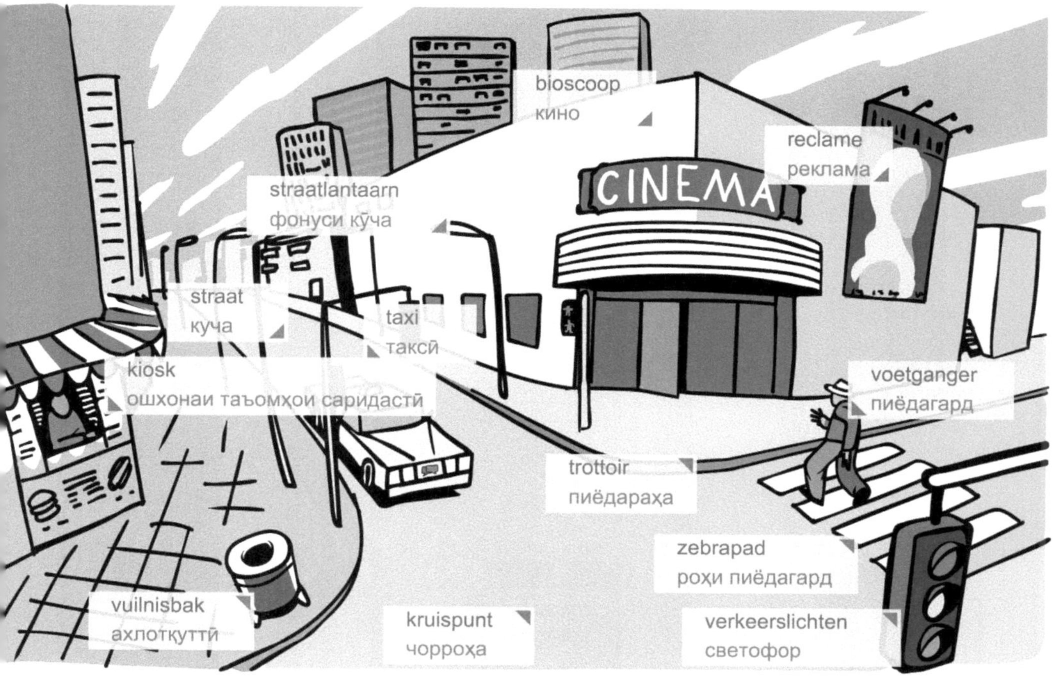

bioscoop
кино

reclame
реклама

straatlantaarn
фонуси кӯча

CINEMA

straat
кӯча

taxi
таксӣ

kiosk
ошхонаи таъомҳои саридастӣ

voetganger
пиёдагард

trottoir
пиёдараҳа

zebrapad
роҳи пиёдагард

vuilnisbak
ахлотқуттӣ

kruispunt
чорроҳа

verkeerslichten
светофор

hut

кулба

woning

ҳамвор

station

истгоҳи роҳи оҳан

stadshuis

бинои маъмурияти шаҳр

museum

осорхона

school

мактаб

stad - шаҳр

universiteit

донишгоҳ

bank

бонк

ziekenhuis

бемористон

hotel

меҳмонхона

apotheek

доухона

kantoor

идора

boekwinkel

сехи китоб

winkel

сехи

bloemenwinkel

мағозаи гулфурӯшӣ

supermarkt

супермаркет

markt

бозор

warenhuis

универмаг

vishandelaar

мағозаи моҳифурӯшӣ

winkelcentrum

маркази савдо

haven

бандар

park

парк

bank

бонк

brug

пул

trap

зинапоя

metro

метро

tunnel

нақби

bushalte

истгоҳи автобус

bar

бар

restaurant

тарабхона

brievenbus

қуттии почта

straatnaambord

аломати номи кӯчаҳо

parkeermeter

ҳисобкунаки исти мошинҳо

zoo

боғи ҳайвонот

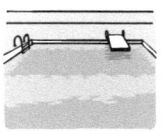

zwembad

ҳавзи шиноварӣ

moskee

масҷид

boerderij
ферма

milieuverontreiniging
ифлоскунй

kerkhof
қабристон

kerk
калисо

speelplaats
майдончаи бозӣ

tempel
маъбад

landschap
ландшафт

blad
барг

wegwijzer
аломати роҳнамо

weg
роҳ

weide
алафзор

steen
санг

boom
дарахт

wandelaar
сайёҳ

rivier
дарё

gras
алаф

bloem
гул

vallei

водй

heuvel

кӯҳ

meer

кул

bos

беша

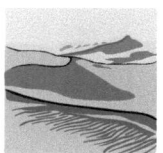

woestijn

биёбон

vulkaan

вулкан

kasteel

қалъа

regenboog

рангинкамон

paddenstoel

занбӯруғ

palmboom

дарати нахл

mug

хомӯшак

vlieg

паридан

mier

мурча

bijl

занбур

spin

тортанак

landschap - ландшафт

kever

гамбӯсак

kikker

қурбоққа

eekhoorn

санҷоб

egel

хорпушт

haas

харгӯш

uil

бум

vogel

парранда

zwaan

мурғи қу

wild zwijn

хуки ваҳшӣ

hert

оху

eland

гавазн

dam

сарбанд

windturbine

турбина шамол

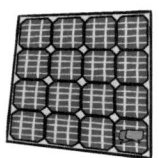

zonnepaneel

панел офтобӣ

klimaat

иқлим

restaurant
тарабхона

ober
пешхизмат
menu
меню
stoel
курсӣ
soep
шӯрбо
pizza
Pizza
bestek
асбобу анҷоми хӯрокхӯрӣ
tafelkleed
дастархон

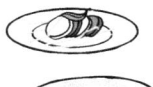

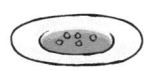

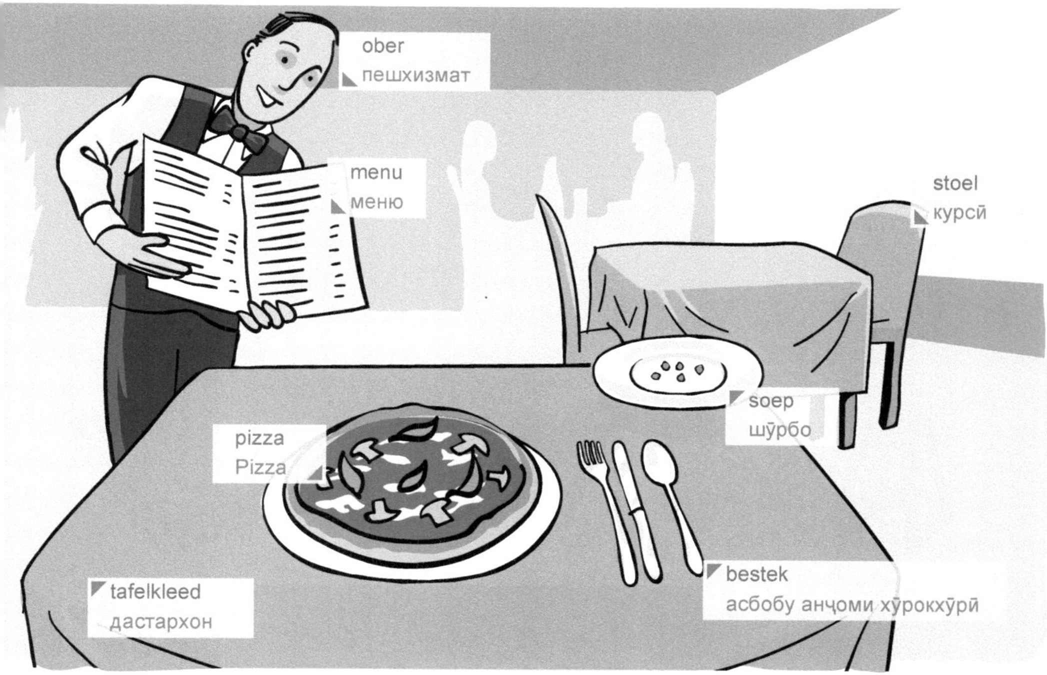

voorgerecht

стартер/корандоз

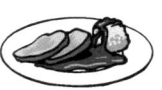

hoofdgerecht

хӯроки асосӣ

nagerecht

десерт

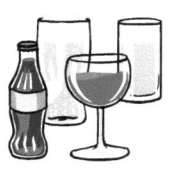

drankjes

нӯшокиҳои

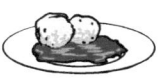

eten

таъом

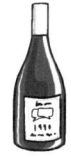

fles

шиша

fastfood

Хӯроки Тез Таёр мешуда

street food

хӯроки кӯчагӣ

theepot

чойник

suikerpot

шакардон

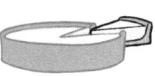

portie

қисм/порча

espressomachine

мошини espresso

kinderstoel

курсии кӯдакона

rekening

ҳисоб

dienblad

зарфмонак

mes

корд

vork

чангол

lepel

қошуқ

theelepel

қошуқча

serviette

сачоқи қоғазӣ

glas

истакон

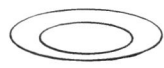

bord

табақча

soepbord

косача

schoteltje

тақсимча

saus

соус

zoutvatje

намакдон

pepermolen

мурчдон

azijn

сирко

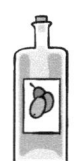

olie

равғани растанӣ

kruiden

приправа

ketchup

кетчуп

mosterd

хардал

mayonaise

майонез

supermarkt

супермаркет

aanbieding
пешниҳоди махсус
FOR
klant
мизоҷ
zuivelproducten
шир
fruit
мева
winkelwagen
аробача

BUTCHERS

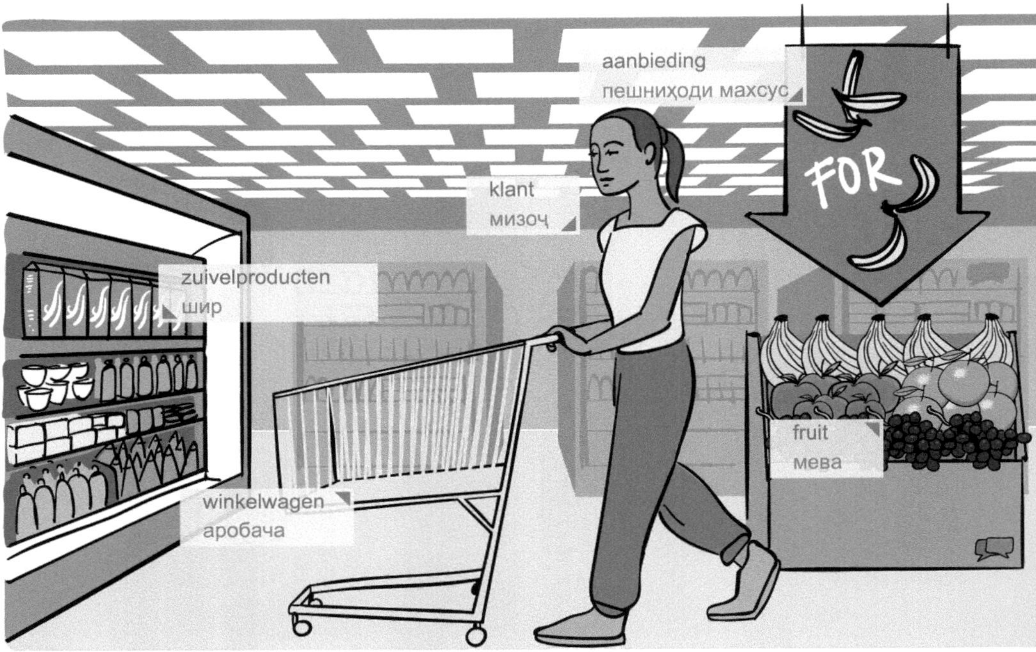

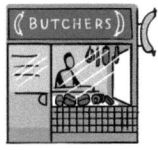

slagerij

дукони гӯштфурӯшӣ

BAKERY

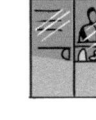

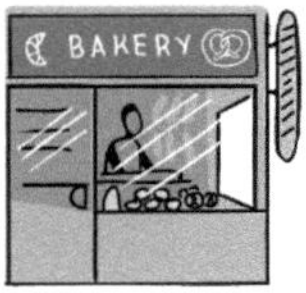

bakkerij

дукони нонфурӯшӣ

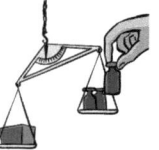

wegen

баркашидан

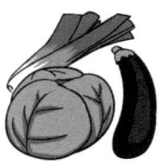

groenten

сабзавот

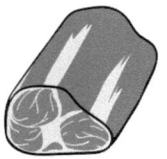

vlees

гӯшт

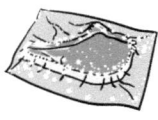

diepvriesvoedsel

хӯроки яхбаста

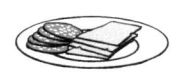

charcuterie

гилимхои борик буридаи гушт

conserven

озукаворӣ консервонидашуда

waspoeder

хокаи либосшӯй

snoep

ширинӣ

huishoudproducten

асбоби рӯзгор

schoonmaakproducten

воситахои тозакунанда

verkoopster

фурӯшанда

kassa

касса

kassier

кассир

boodschappenlijstje

рӯихати харидкунӣ

openingstijden

соат ифтитохи

portefeuille

хамён

kredietkaart

корти кредитӣ

tas

чуздо

plastieken zakje

пакет

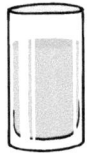

water

об

sap

шарбат

melk

шир

cola

кола

wijn

шароб

bier

оби ҷав

alcohol

машрубот

cacao

какао

thee

чой

koffie

қаҳва

espresso

эспрессо

cappuccino

каппучино

banaan

банан

appel

себ

sinaasappel

норанчӣ

meloen

харбуза

citroen

лимӯ

wortel

сабзӣ

knoflook

сир

bamboe

бамбук

ajuin

пиёз

champignon

занбӯруғ

noten

чормағз

noodles

угро

spaghetti

спагеттй

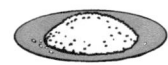

rijst

биринҷ

salade

салат

frieten

картошкаи қоқак

gebakken aardappelen

картошкабирён

pizza

Pizza

hamburger

гамбургер

sandwich

бутербурод

kalfslapje

шнитсел

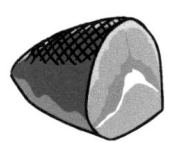

ham

гӯшти намакардаи хук

salami

ҳасиби салямй

worst

ҳасиб

kip

мурғ

braden

кабоб

vis

моҳй

havervlokken

ярмаи ҷав

muesli

омехтаи ғалладонагӣ

cornflakes

ярмаи ҷув봉римакка

bloem

орд

croissant

кулчақанд

pistolet

кулчақанд

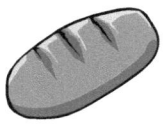

brood

нон

toast

як порча нони бирён

koekjes

кулчачаҳои қандин

boter

маска

kwark

творог

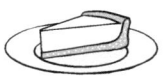

taart

пирог

ei

тухм

spiegelei

тухм бирён

kaas

панир

ijs

яхмос

suiker

шакар

honing

асал

confituur

мураббо

choco

хамираи ҳалво

curry

Curry

eten - таъом

boerderij
ферма

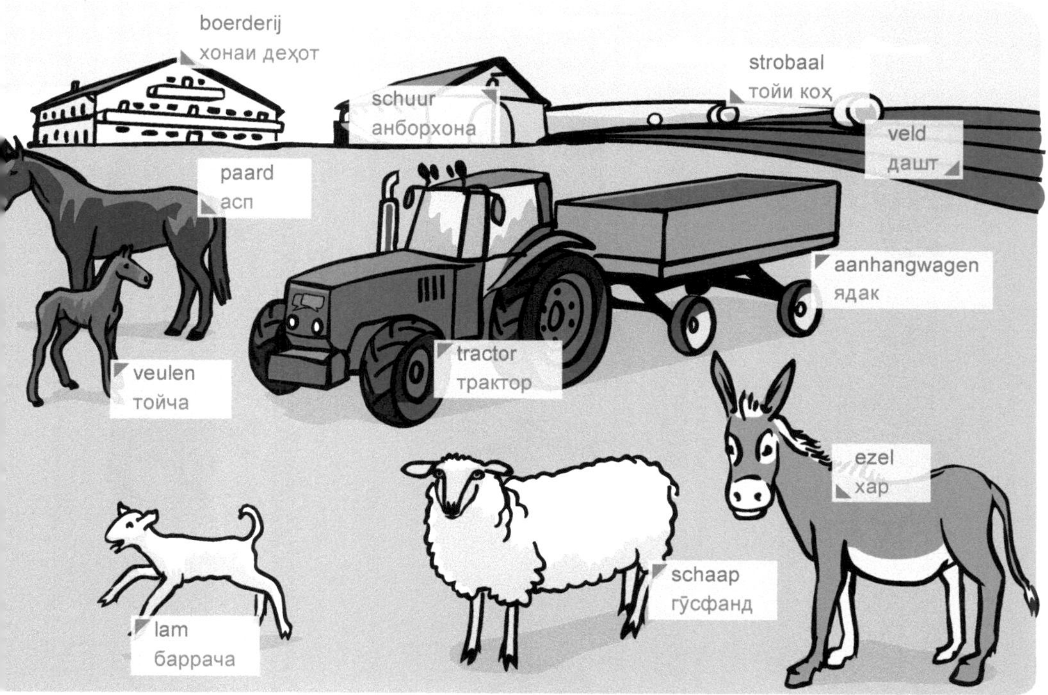
boerderij
хонаи деҳот
schuur
анборхона
strobaal
тойи коҳ
veld
дашт
paard
асп
aanhangwagen
ядак
veulen
тойча
tractor
трактор
ezel
хар
schaap
гӯсфанд
lam
баррача

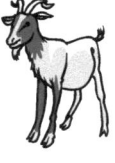

geit

буз

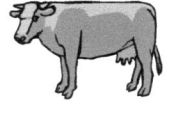

koe

гов

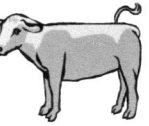

kalf

гӯсола

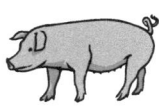

varken

хук

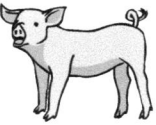

biggetje

хукча

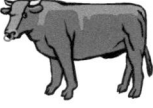

stier

буққа

gans

қоз

eend

мурғобӣ

kuiken

чӯча

kip

мурғ

haan

хурӯс

rat

каламуш

kat

гурба

muis

муш

os

барзагов

hond

саг

hondenhok

хоначаи саг

tuinslang

рӯдаи резинӣ

gieter

камобӣ метавонад

zeis

дос

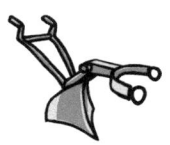

ploeg

сипори шудгоркунии замин

sikkel

доси

schoffel

каланд

hooivork

панчшоха

bijl

табар

kruiwagen

ароба

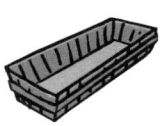

trog

охур

melkkan

зарфи ширгирй

zak

халта

hek

девор

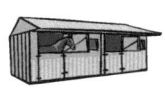

stal

мӯътадил

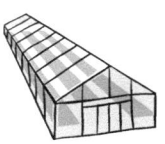

broeikas

гармхона

bodem

хок

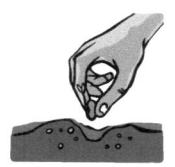

zaad

тухмй

mest

нурихо

maaidorser

комбайни ғаллағундорӣ

oogsten

хосил

oogst

хосил

yam

yams

tarwe

гандум

soja

лубиж

aardappel

картошка

maïs

чуворй

koolzaad

донаи маъсар

fruitboom

дарахти мева

maniok

manioc

graan

ғалладона

huis

хона

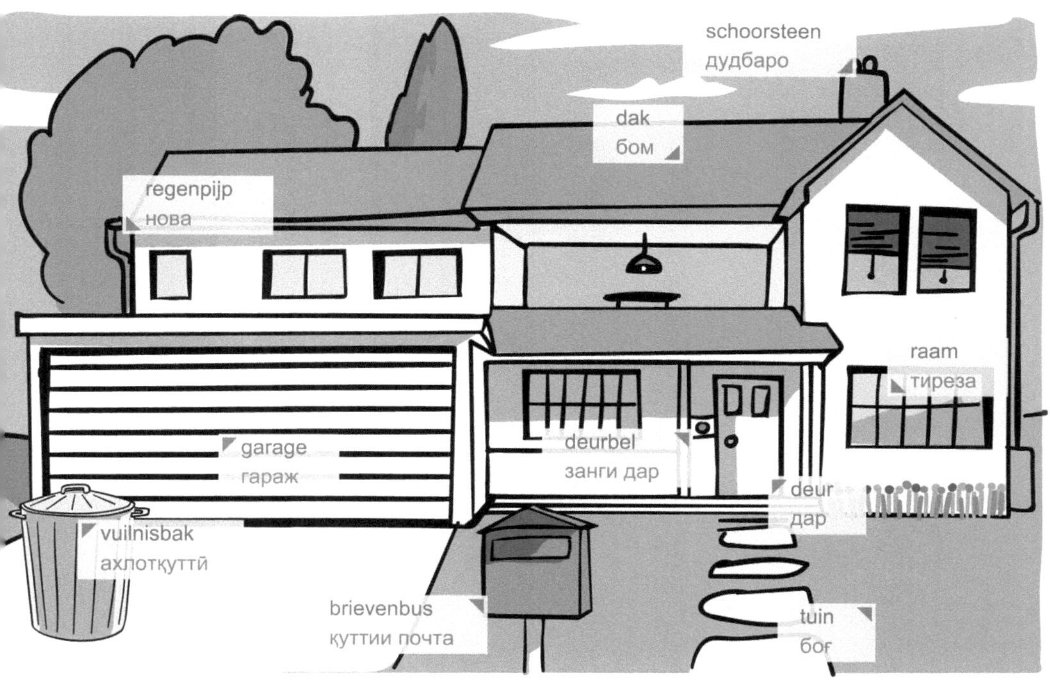
schoorsteen
дудбаро
dak
бом
regenpijp
нова
raam
тиреза
garage
гараж
deurbel
занги дар
deur
дар
vuilnisbak
ахлотқуттӣ
brievenbus
қуттии почта
tuin
боғ

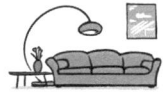

woonkamer

мехмонхона

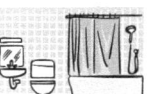

badkamer

ҳамом

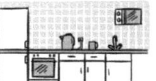

keuken

ошхона

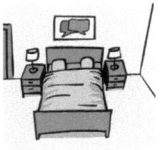

slaapkamer

хонаи хоб

kinderkamer

ҳуҷраи кӯдакона

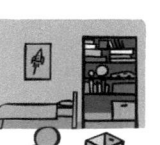

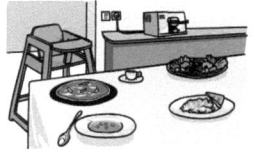

eetkamer

ошхона

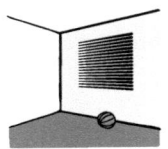

vloer

ошёна

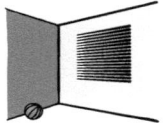

muur

девор

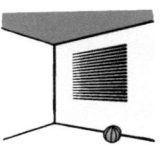

plafond

шифт

kelder

тагзаминй

sauna

сауна

balkon

балкон

terras

суфача

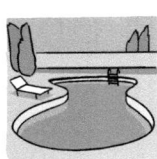

zwembad

ҳавз

grasmaaier

мошини алафдарав

dekbedovertrek

варақ

dekbed

кампал

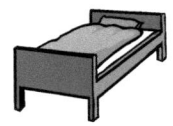

bed

кат

bezem

ҷорӯб

emmer

сатил

schakelaar

калид

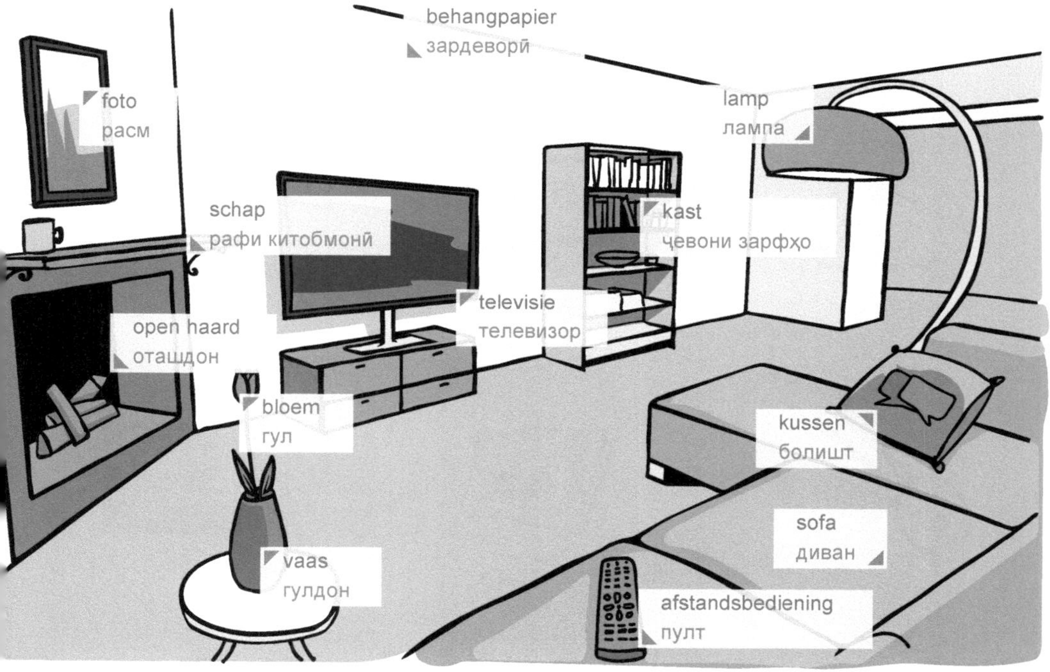

behangpapier
зардеворӣ

foto
расм

lamp
лампа

schap
рафи китобмонӣ

kast
чевони зарфҳо

open haard
оташдон

televisie
телевизор

bloem
гул

kussen
болишт

sofa
диван

vaas
гулдон

afstandsbediening
пулт

mat
қолин

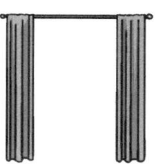

gordijn
парда

tafel
мизи

stoel
курсӣ

schommelstoel
rocking кафедраи

fauteuil
курсӣ

boek

китоб

deken

курпа

decoratie

ороиш

brandhout

ҳезум

film

филм

stereo-installatie

дастгоҳи hi-fi

sleutel

калид

krant

рӯзнома

schilderij

расм

poster

эълон

radio

радио

notitieboekje

китобчаи қайдҳо

stofzuiger

чангкашак

cactus

кактус

kaars

шам

keuken
ошхона

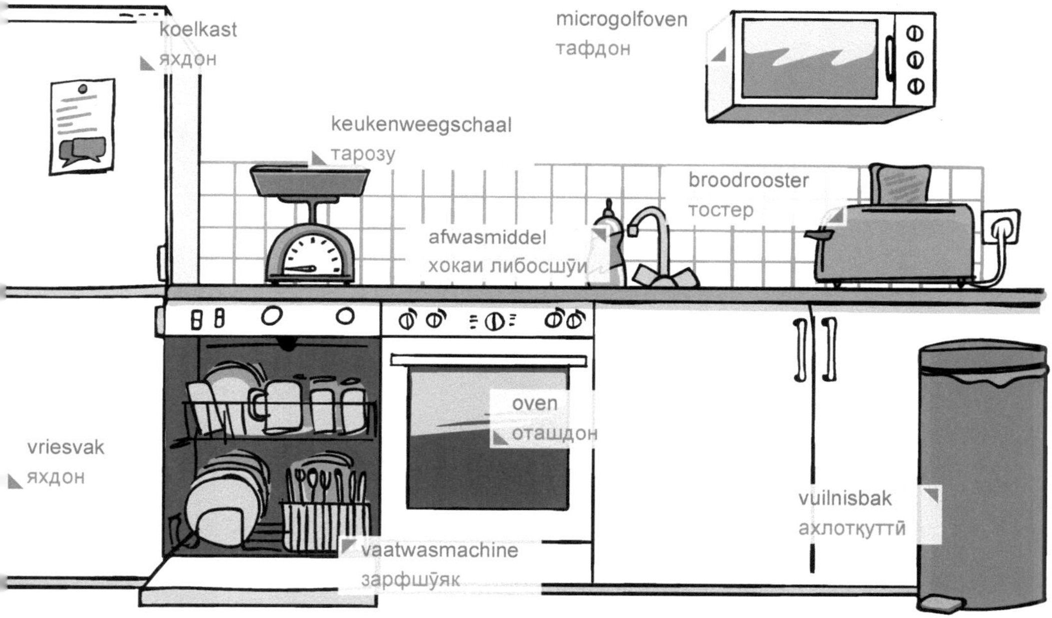
koelkast
яхдон
microgolfoven
тафдон
keukenweegschaal
тарозу
broodrooster
тостер
afwasmiddel
хокаи либосшӯӣ
oven
оташдон
vriesvak
яхдон
vuilnisbak
ахлотқуттӣ
vaatwasmachine
зарфшӯяк

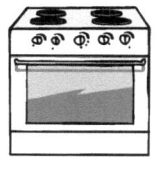

fornuis

плита

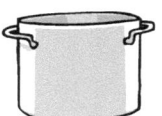

pot

тубак

gietijzeren pot

дег

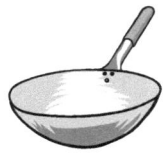

wok / kadai

дег / кадй

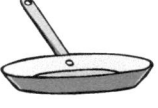

pan

тоба

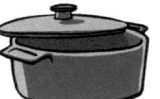

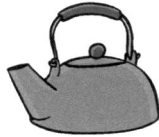

waterkoker

чойник

stoomkoker

steamer

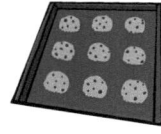

bakplaat

лист

servies

зарф

mok

кружка

kom

коса

eetstokjes

чубаки хурокхӯрй

pollepel

кафлези

spatel

кафлези ҳамвор

garde

whisk

vergiet

strainer

zeef

элак

rasp

турбтарошак

mortier

миномет

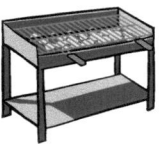

barbecue

Кабоб Кардан

haardvuur

оташ кушод

snijplank

тахтаи резакунй

deegrol

чӯба

kurkentrekker

пӯккашак

blik

банка

blikopener

консервокушояк

pannenlap

дастак

gootsteen

дастшӯяк

borstel

чӯтка

spons

исфанҷ

blender

блендер

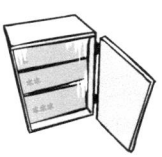

vriezer

сармодон

papfles

шишача

kraan

ҷумак

badkamer

ҳамом

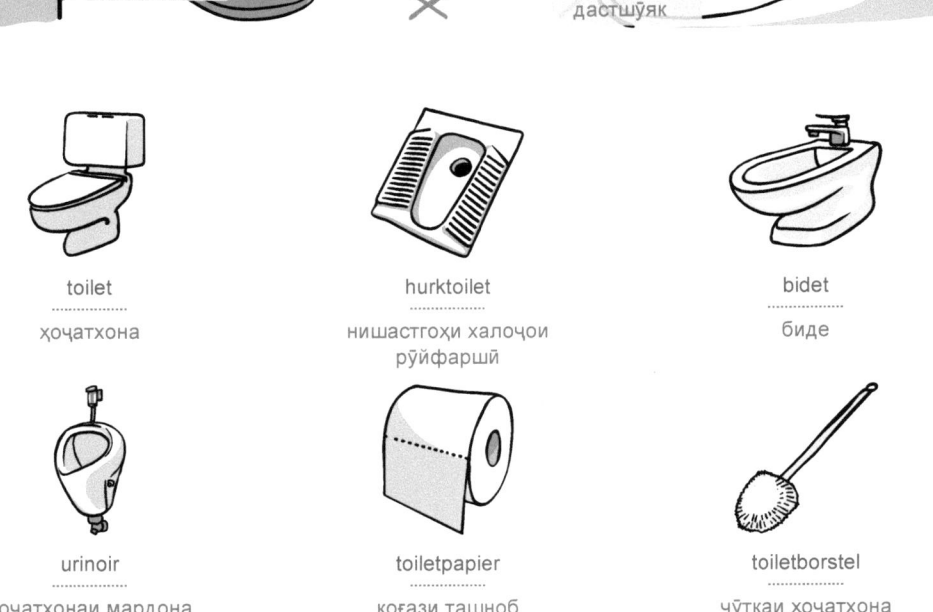

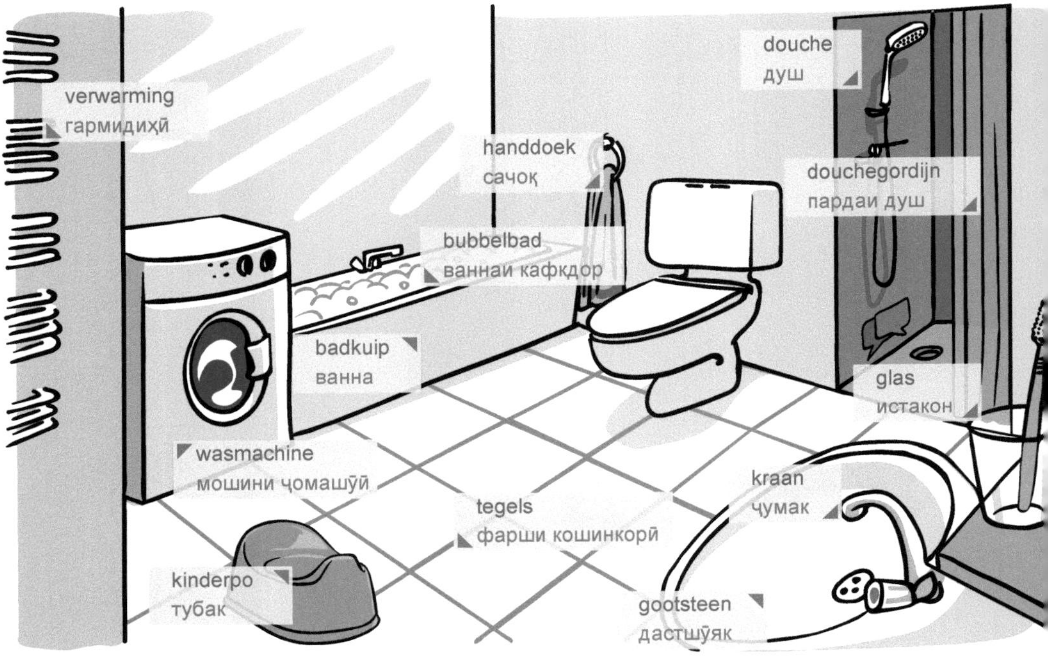

verwarming
гармидиҳӣ
douche
душ
handdoek
сачоқ
douchegordijn
пардаи душ
bubbelbad
ваннаи кафкдор
badkuip
ванна
glas
истакон
wasmachine
мошини ҷомашӯӣ
kraan
ҷумак
tegels
фарши кошинкорӣ
kinderpo
тубак
gootsteen
дастшӯяк

toilet

ҳоҷатхона

hurktoilet

нишастгоҳи халоҷои рӯйфаршӣ

bidet

биде

urinoir

ҳоҷатхонаи мардона

toiletpapier

коғази ташноб

toiletborstel

чӯткаи ҳоҷатхона

tandenborstel

дандоншӯяк

tandpasta

хамираи дандоншӯи

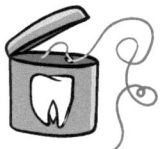

flosdraad

риштаи дандонтозакунӣ

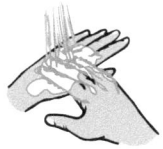

wassen

шӯстан

handdouche

души дастӣ

bidethanddouche

обшӯй

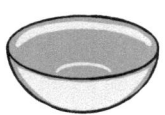

waskom

ҳавза

rugborstel

шона кардани мӯй

zeep

собун

douchegel

гел барои душ

shampoo

шампун

washandje

бумазӣ

afvoer

заҳкаш

crème

крем

deodorant

дезодорант

spiegel

оина

handspiegel

оинаи дастй

scheermes

риштарошаки барқи

scheerschuim

кафк барои риштарошй

aftershave

оби мушкини баъди
риштарошй

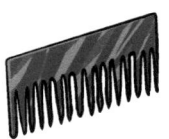

kam

шона

borstel

чӯтка

haardroger

мӯйхушкунак

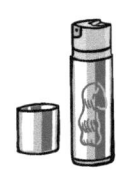

haarlak

лак барои мӯй

make-up

косметика

lippenstift

лабсурхкунак

nagellak

лок барои нохун

watten

пахта

nagelknipper

қайчии нохунгирй

parfum

атриёт

toilettas

ҷузвдони косметики

kruk

қазои ҳоҷат

weegschaal

тарозу

badjas

хилъат

latex handschoenen

дастпӯшак резина

tampon

тампон

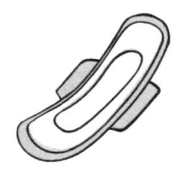

maandverband

дастмоли санитарӣ

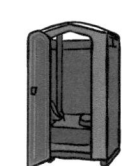

chemisch toilet

био-ҳоҷатхона

kinderkamer
ҳуҷраи кӯдакона

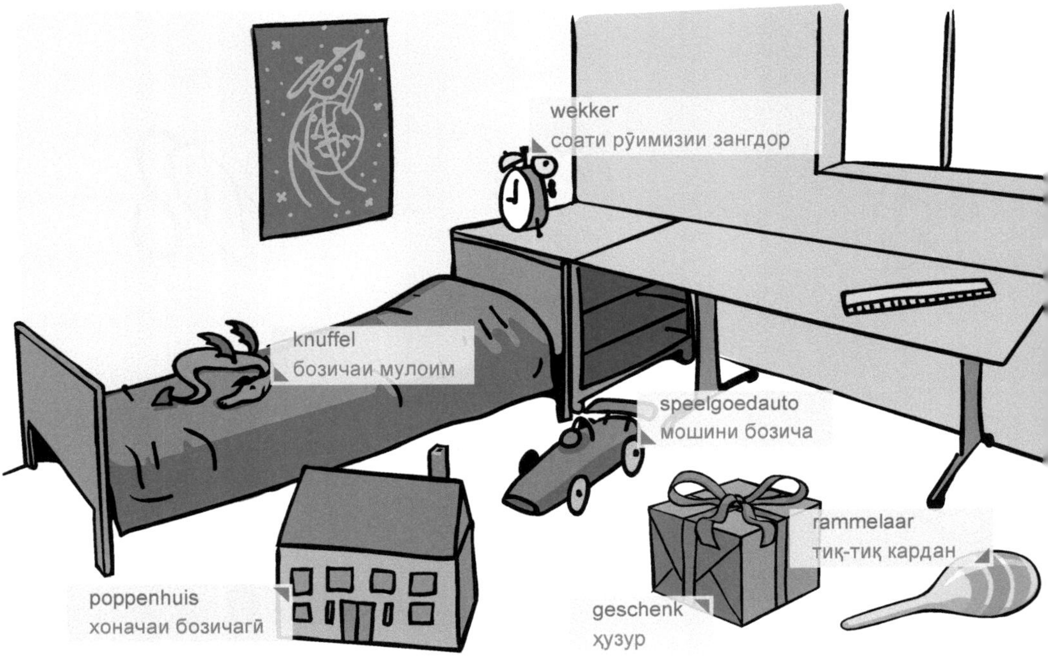
wekker
соати рӯимизии зангдор
knuffel
бозичаи мулоим
speelgoedauto
мошини бозича
rammelaar
тиқ-тиқ кардан
poppenhuis
хоначаи бозичагӣ
geschenk
ҳузур

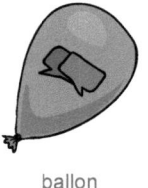

ballon

пуфак

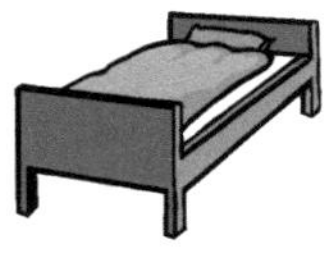

bed

кат

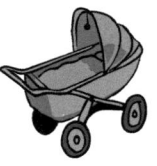

kinderwagen

аробочаи кудакона

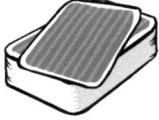

spel kaarten

маҷмӯи кортҳо

puzzel

бозии муамоёбӣ

SUPER MEGA

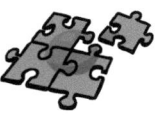

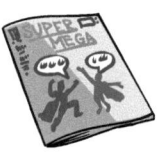

stripboek

комикс

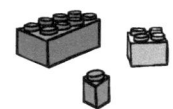

legoblokjes

хиштҳои лего

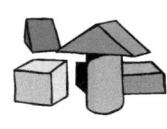

blokken

мағозаи бозичафурӯхтан

actiefiguur

рақам амал

kruippakje

либоси ғаваккашӣ

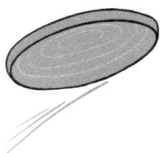

frisbee

фрисби

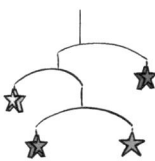

mobiel

мобилӣ

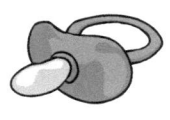

bordspel

лавҳачаи бозӣ

dobbelsteen

кубик

modelspoorweg

маҷмӯи модели қатора

fopspeen

пистонак

feest

ҳизб

prentenboek

китоби расм

bal

тӯб

pop

лӯхтак

spelen

бози кардан

zandbak

қуттии рег

schommel

арғунчак

speelgoed

бозича

spelconsole

консоли бозиҳои видеой

driewieler

велосипеди сечарха

knuffelbeer

хирсаки бахмалии патдор

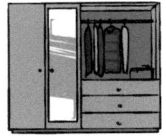

kleerkast

ҷевон

kleding

либос

sokken

ҷуроб

kousen

ҷуроби соқбаланд

maillot

колготки

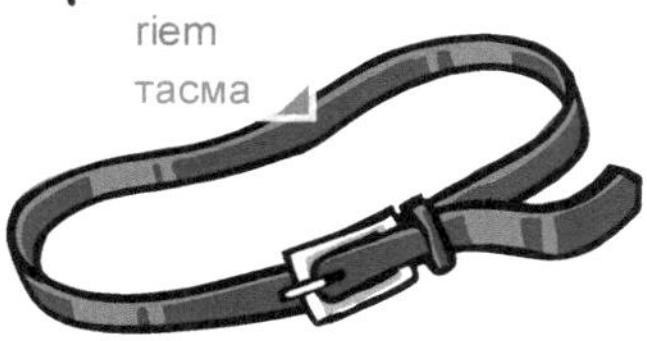

sjaal
гарданпеч

paraplu
чатр

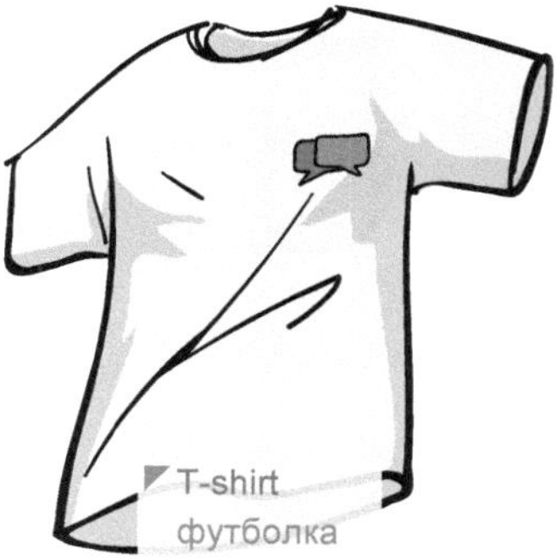

riem
тасма

T-shirt
футболка

sneakers
кроссовки

laarzen
пойафзол

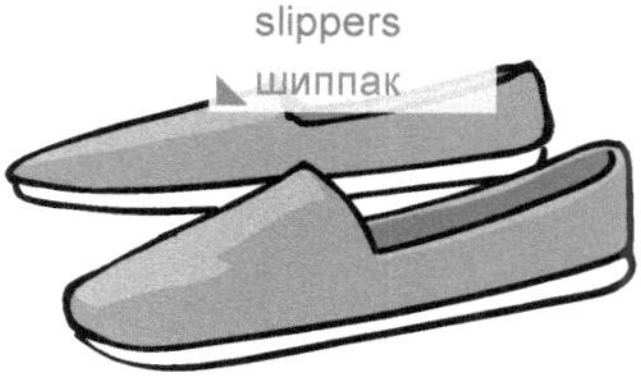

slippers
шиппак

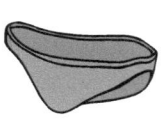

sandalen
....
босоножкй

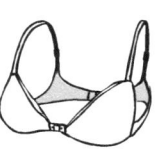

schoenen
....
пойафзол

rubberlaarzen
....
музаи резинй

onderbroek
....
турсй

beha
....
синабанд

onderhemd
....
майка

lichaam

бадан

broek

шим

jeans

чинс

rok

юбка

blouse

куртаи нимтаи занона

hemd

курта

trui

свитер

capuchontrui

свитер

blazer

пичак

jas

нимтана

jas

палто

regenjas

плаш

kostuum

костюм

jurk

куртаи занона

trouwjurk

либос тӯйи

pak

костюм

nachthemd

куртаи хоб

pyjama

пижама

sari

Сари

hoofddoek

рӯймол

tulband

салла

boerka

ниқобу

kaftan

кафтан

abaya

абая

badpak

либоси обозӣ

zwembroek

эзорчаи шиноварии мардона

short

шорти

trainingspak

либоси варзишӣ

schort

пешбанд

handschoenen

дастпӯшак

knoop

тугма

bril

айнак

armband

дастпона

ketting

гарданбанд

ring

ангуштарин

oorbel

гӯшвора

pet

кулоҳ

kapstok

либосовезак

hoed

кулоҳ

das

галстук

rits

занҷирак

helm

тоскулоҳ

bretellen

шимбардор

schooluniform

либоси мактабӣ

uniform

либоси

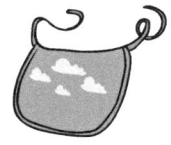

slabbetje

пешгир

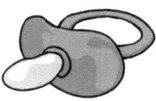

fopspeen

пистонак

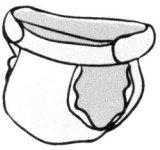

luier

подгузник

kantoor

идора

server
сервер
dossierkast
чевони ҳуҷҷатмонӣ
printer
принтер
papier
коғаз
monitor
монитор
muis
мушак
bureau
мизи хатнависӣ
map
ҷузъгир
toestenbord
клавиатура
papiermand
сабади партофҳои коғазӣ
stoel
курсӣ
computer
копютер

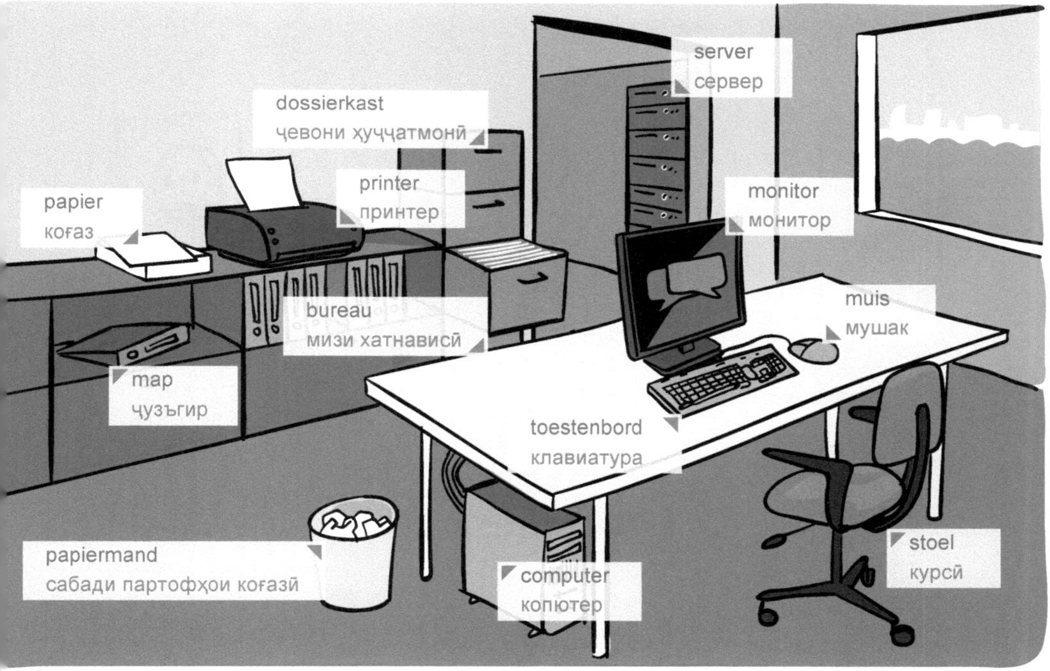

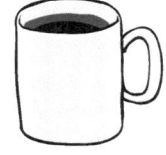

koffiemok

кружкаи қаҳванӯшӣ

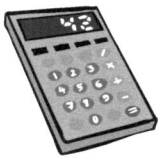

rekenmachine

калкулятор

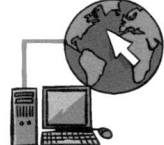

internet

интернет

laptop

ноутбук

brief

мактуб

bericht

хабар

gsm

телефони мобилӣ

netwerk

шабака

kopieerapparaat

нусхабардор

software

нармафзор

telefoon

телефон

stopcontact

розетка

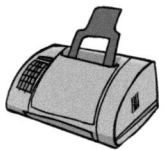

fax

факс

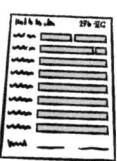

formulier

шакл

document

ҳуҷҷат

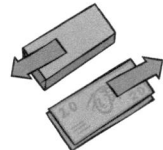

kopen

харидан

betalen

пардохт

handelen

савдо

geld

пул

dollar

доллар

euro

евро

yen

йен

roebel

рубл

Zwitserse frank

франки швейцариягӣ

Chinese renminbi

юан

roepie

рупй

geldautomaat

нуқтаи нақд

wisselkantoor

нуқтаи мубодилаи асъор

goud

тилло

zilver

нуқра

olie

равғани растанӣ

energie

энерги

prijs

нарх

contract

шартнома

belasting

андоз

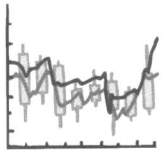

aandeel

саҳмия

werken

кор

werknemer

хизматчӣ

werkgever

соҳибкор

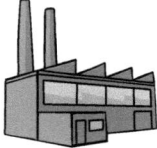

fabriek

завод

winkel

сехи

beroepen
касбҳо

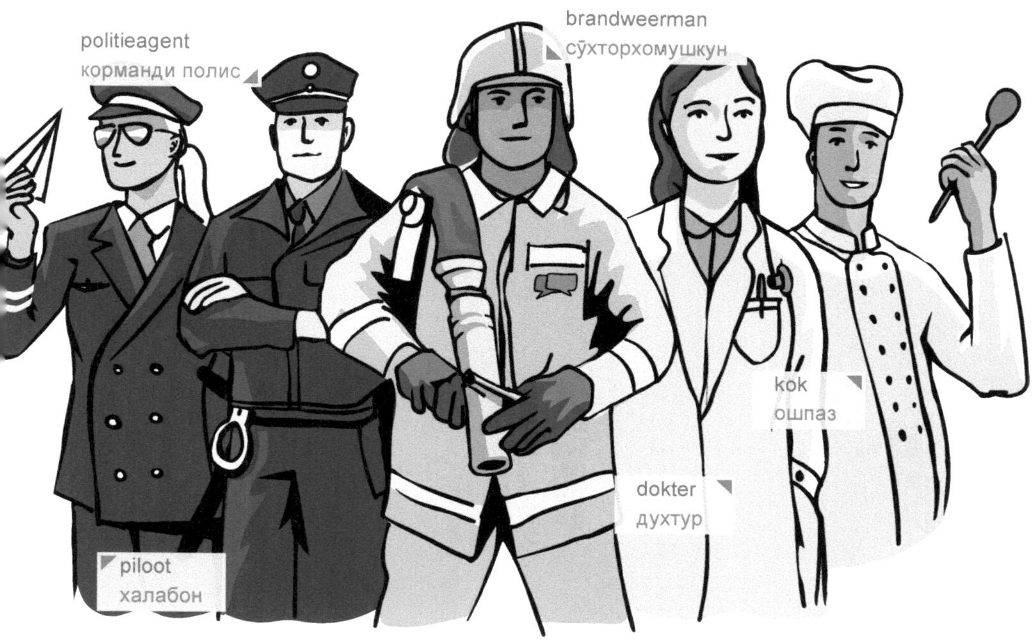
politieagent
корманди полис
brandweerman
сӯхторхомушкун
kok
ошпаз
dokter
духтур
piloot
халабон

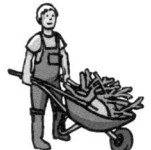

tuinman

боғбон

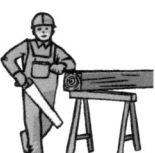

timmerman

чӯбтарош

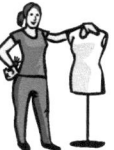

naaister

дӯзанда

rechter

судя

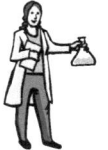

chemicus

кимиёшинос

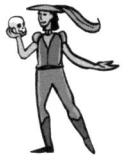

acteur

актер

buschauffeur

ронандаи автобус

taxichauffeur

таксист

visser

моҳигир

schoonmaakster

фаррошзан

dakdekker

устои бомпӯш

ober

пешхизмат

jager

шикорчӣ

schilder

расом

bakker

нонвой

elektricien

барқ

bouwvakker

сохтмончӣ

ingenieur

инженер

slager

қассоб

loodgieter

устои шабакаи об

postbode

хаткашон

soldaat

сарбоз

architect

меъмор

kassier

кассир

bloemist

гулфурӯш

kapper

сартарош

conducteur

кондуктор

mecanicien

механик

kapitein

капатан

tandarts

духтури дандон

wetenschapper

олим

rabbijn

хохом

imam

имом

monnik

шайх

geestelijke

саркоҳин

werktuigen
асбобҳо

tang
анбӯри паҳннӯл
hamer
болғача
schroevendraaier
мурваттобак
zaklamp
фонуси дастӣ
schroefsleutel
калиди гайкатобӣ

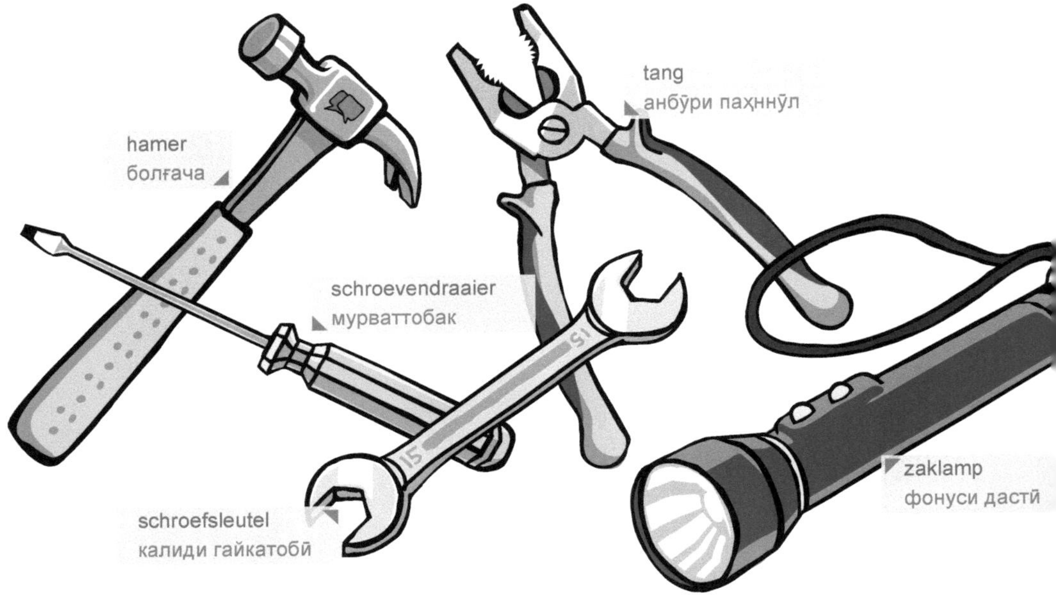

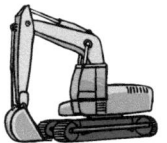

graafmachine
экскаватор

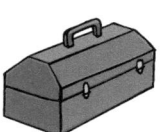

gereedschapskoffer
қутии асбобҳо

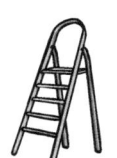

ladder
зинапоя

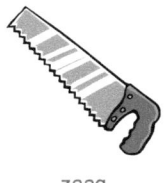

zaag
арра

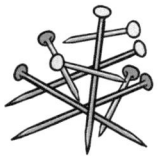

spijkers
мехҳо

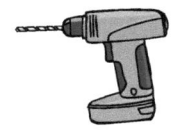

boormachine
пармаи электрикӣ

repareren

таъмир

schop

бел

Verdomme!

Сабил монад!

blik

белчаи хокрӯбагирӣ

verfpot

сатили ранг

schroeven

мехи печдор

muziekinstrumenten
асбобҳои мусиқӣ

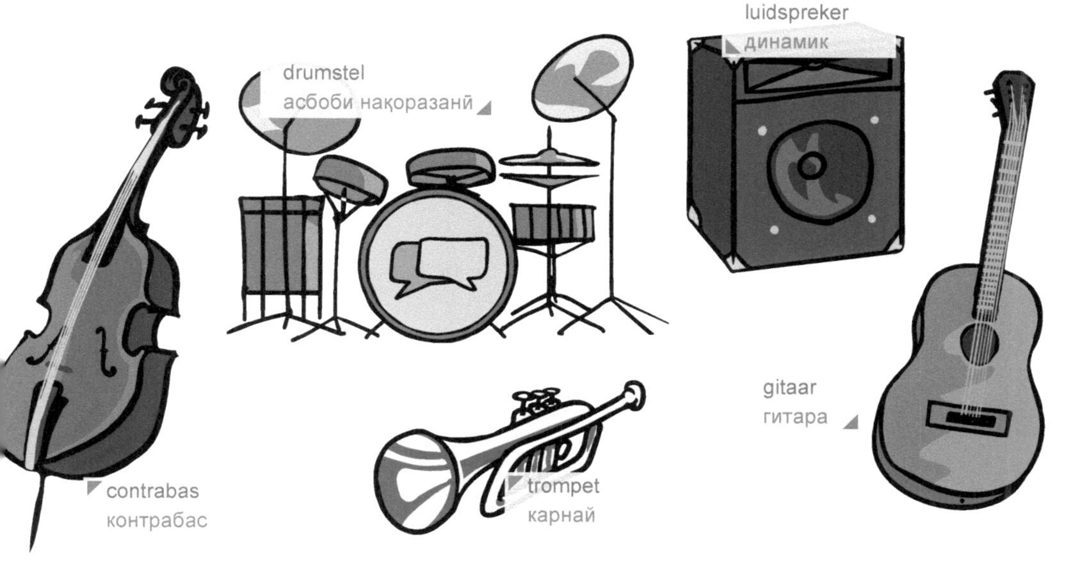

drumstel
асбоби нақоразанӣ

luidspreker
динамик

gitaar
гитара

contrabas
контрабас

trompet
карнай

piano

пианино

viool

ғиҷҷак

basgitaar

бас-гитара

pauk

нақораи поядор

trommels

нақора

keyboard

клавиатура

saxofoon

саксофон

fluit

най

microfoon

баландгӯяд

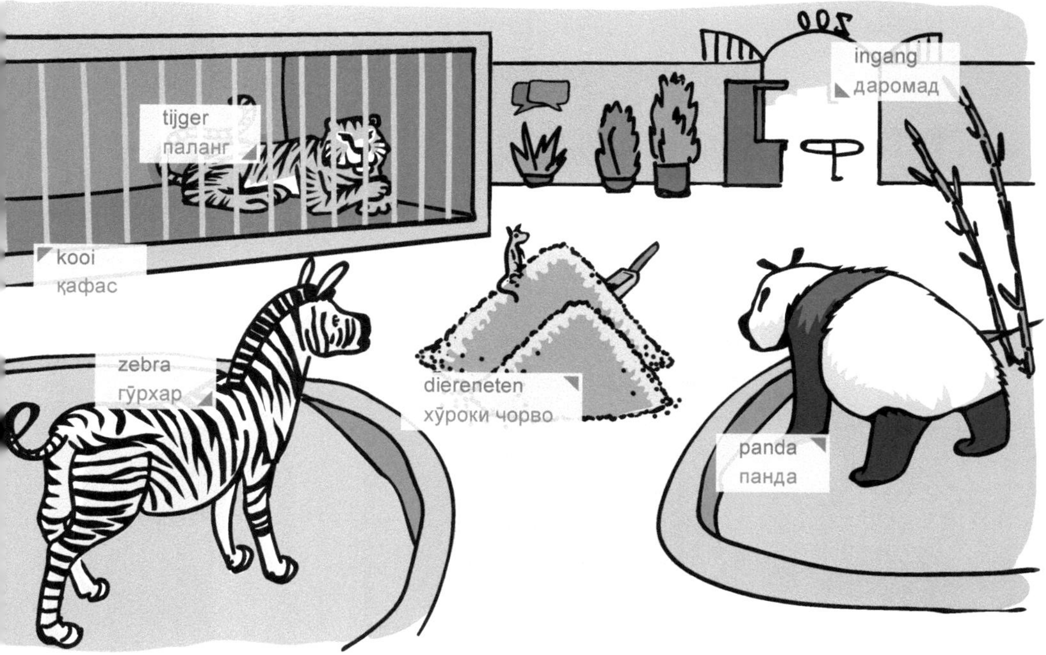

tijger
паланг

ingang
даромад

kooi
қафас

zebra
гӯрхар

diereneten
хӯроки чорво

panda
панда

dieren

ҳайвонот

olifant

фил

kangoeroe

кенгуру

neushoorn

каркадан

gorilla

горилла

beer

хирси бӯр

kameel

шутур

struisvogel

шутурмурғ

leeuw

шер

aap

маймун

flamingo

бутимор

papegaai

тӯти

ijsbeer

хирси сафед

pinguïn

пингвин

haai

наҳанг

pauw

товус

slang

мор

krokodil

тимсоҳ

dierenverzorger

посбон

zeehond

сил

jaguar

ягуар

zoo - боғи ҳайвонот

pony

аспи кӯтоҳқад

luipaard

леопард

nijlpaard

баҳмут

giraffe

заррофа

adelaar

уқоб

wild zwijn

хуки ваҳшӣ

vis

моҳӣ

zeeschildpad

сангпушт

walrus

морж

vos

рӯбоҳ

gazelle

ғизол/оху

rugby
футболи амрикои

wielrennen
велосипедронӣ

tennis
теннис

basketbal
баскетбол

zwemmen
шиноварӣ

boksen
бокс

ijshockey
хоккей

voetbal
футбол

badminton
бадмингтон

atletiek
атлетика

handbal
гандбол

skiën
лижаронӣ

polo
тӯббозӣ бо асп

activiteiten

фаъолият

lachen
ханда
springen
паридан
knuffelen
оғӯш гирифтан
wandelen
пиёда рафтан
zingen
шеър хондан
dromen
орзӯ кардан
bidden
ибодат кардан
kussen
бӯса кардан

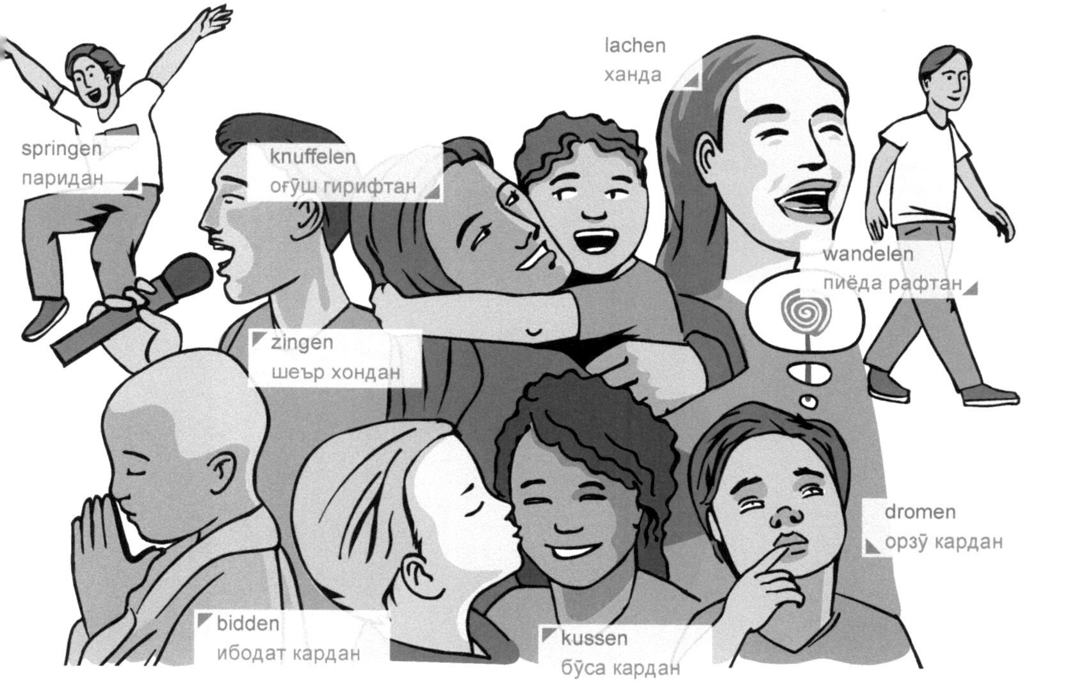

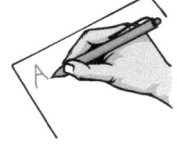

schrijven

навиштан

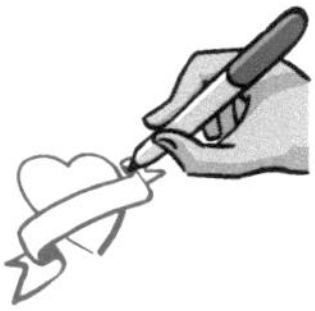

tekenen

кашидан

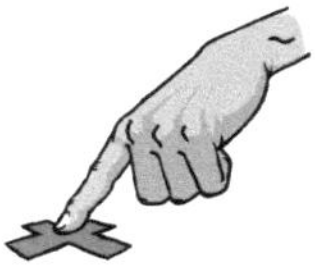

tonen

нишон додан

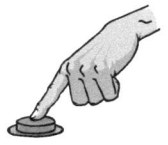

duwen

тела додан

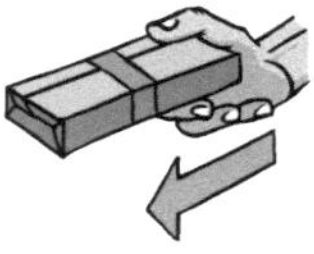

geven

додан

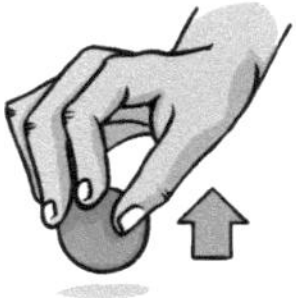

nemen

гирифтан

hebben

дооранд

doen

кор

zijn

бошад

staan

истодан

lopen

давидан

trekken

кашидан

gooien

партофтан

vallen

афтидан

liggen

дароз кашидан

wachten

интизор шудан

dragen

бардошта бурдан

zitten

нишастан

aankleden

либос пӯшидан

slapen

хобин

ontwaken

бедор шудан

kijken naar

нигоҳ кардан

wenen

гиря кардан

aaien

сила кардан

kammen

шона

praten

гап задан

begrijpen

фаҳмидан

vragen

пурсидан

luisteren

гӯш кардан

drinken

нӯштдан

eten

хӯрдан

opruimen

ғундоштан

houden van

ишқ

koken

ошпаз

rijden

рондан

vliegen

парвоз кардан

zeilen

бо бодбон ҳаракат кардан

rekenen

ҳисоб кардан

Lezen

хондан

leren

омӯхтан

werken

кор

trouwen

оиладор шудан

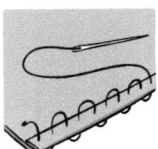

naaien

дӯхтан

tandenpoetsen

дадон шӯстан

doden

куштан

roken

дуд

sturen

фиристодан

familie
оила

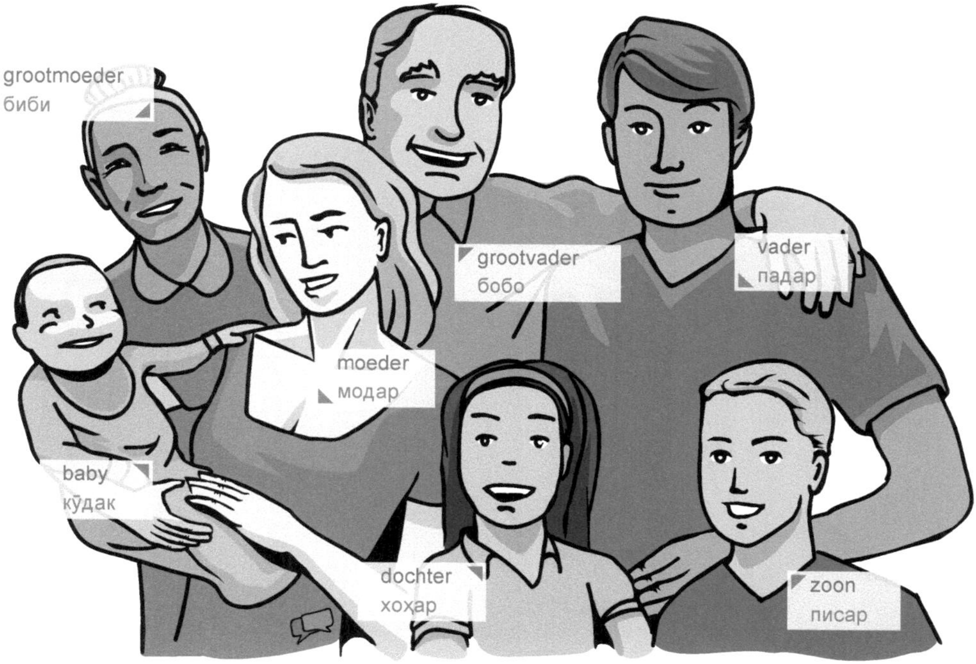
grootmoeder
биби
grootvader
бобо
vader
падар
moeder
модар
baby
кӯдак
dochter
хоҳар
zoon
писар

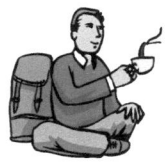

gast

меҳмон

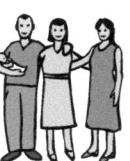

tante

хола

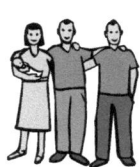

oom

амак

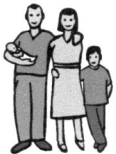

broer

бародар

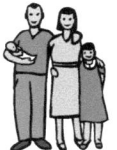

zus

хоҳар

lichaam

бадан

voorhoofd
пешонӣ
oog
чашм
schouder
китф
vinger
ангушт
gezicht
рӯй
kin
манаҳ
hand
панҷаи даст
been
пой
borst
қафаси сина
arm
даст

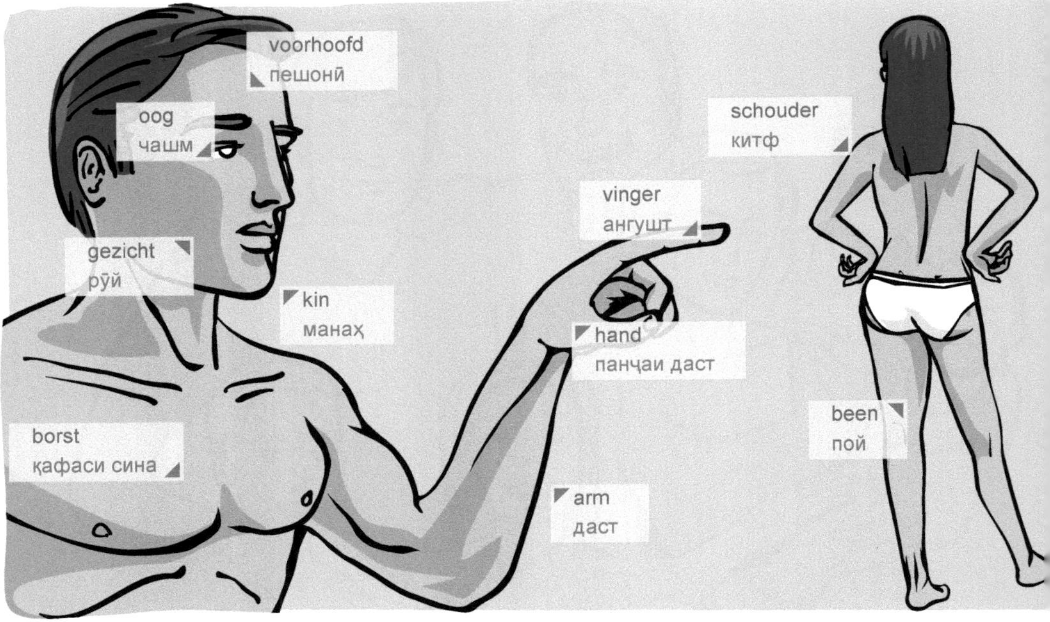

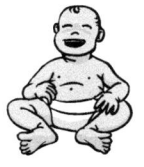

baby
кӯдак

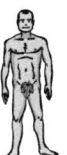

man
мард

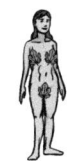

vrouw
зан

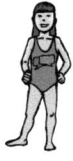

meisje
духтар

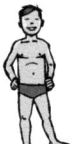

jongen
писар

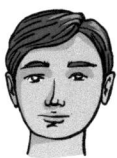

hoofd
сар

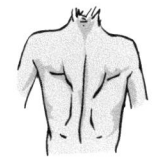

rug

пушт

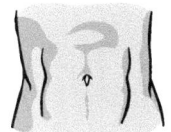

buik

шикам

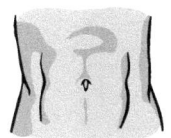

navel

ноф

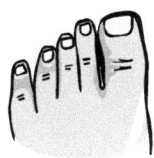

teen

ангушти пой

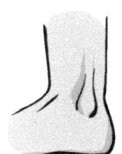

hiel

пошнаи пой

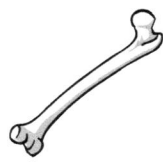

bot

устухон

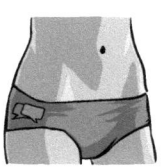

heup

рон

knie

зону

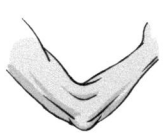

elleboog

оринҷ

neus

бинӣ

zitvlak

таг

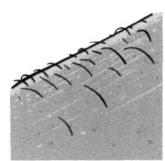

huid

пӯст

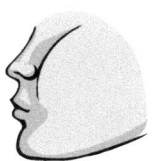

wang

рухсора

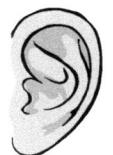

oor

гӯш

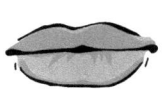

lip

лаб

mond

даҳон

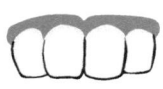

tand

дадон

tong

забон

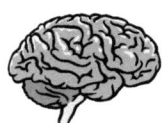

hersenen

майнаи сар

hart

дил

spier

мушак

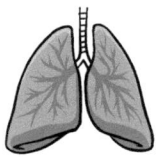

long

шуш

lever

ҷигар

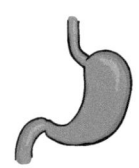

maag

меъда

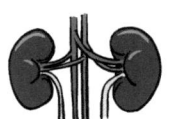

nieren

гурдаҳо

seks

алоқаи ҷинсӣ

condoom

рифола

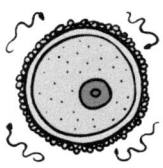

eicel

тухмҳуҷайра

sperma

нутфа

zwangerschap

ҳомиладорӣ

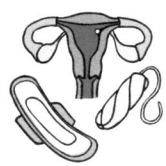

menstruatie

ҳайз

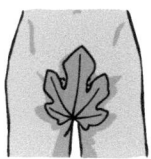

vagina

маҳбал

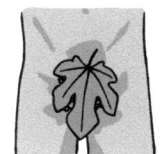

penis

кер

wenkbrauw

абрӯ

haar

мӯй

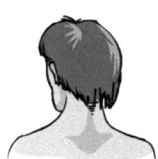

nek

гардан

ziekenhuis
бемористон

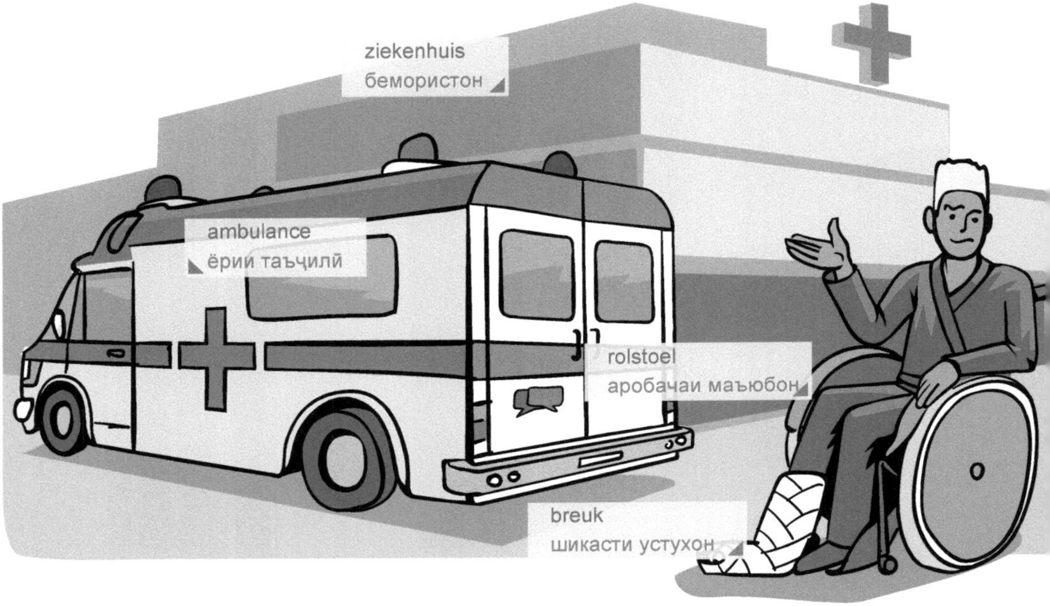

ziekenhuis
бемористон
ambulance
ёрии таъҷилӣ
rolstoel
аробачаи маъюбон
breuk
шикасти устухон

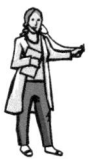

dokter

духтур

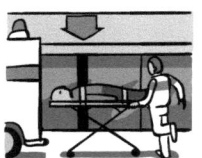

spoed

ҳуҷраи ёрии фаврӣ

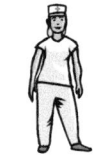

verpleegkundige

ҳамшираи тиббӣ

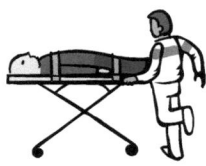

noodgeval

ҳолати фавқулодда

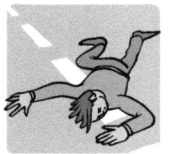

bewusteloos

беҳуш

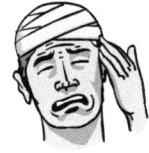

pijn

дард

verwonding

чароҳат

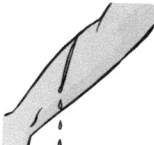

bloeding

хунравӣ

hartaanval

дилзанак

beroerte

сактаи майна

allergie

аллергия

hoest

сулфа

koorts

табларза

griep

грипп

diarree

шикамравӣ

hoofdpijn

сардард

kanker

саратон

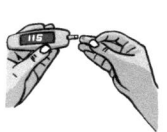

diabetes

диабет

chirurg

ҷарроҳ

scalpel

скалпел

operatie

ҷарроҳӣ

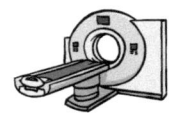

CT

Томографияи компютерй

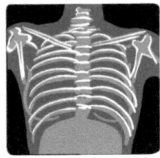

röntgenstraal

шӯъои ренгенӣ

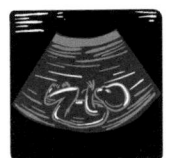

ultrageluid

ултрасадо

gezichtsmasker

ниқоби рӯй

ziekte

беморӣ

wachtkamer

ҳуҷраи интизорӣ

kruk

асобағал

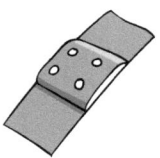

pleister

марҳам

verband

дока

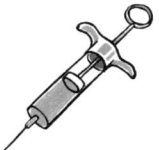

injectie

сӯзандору

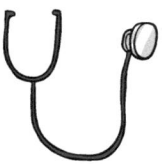

stethoscoop

стетоскоп

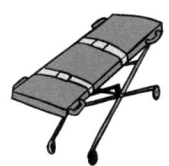

brancard

занбар

thermometer

ҳароратсанҷ

geboorte

таваллуд

overgewicht

вазни зиёдатй

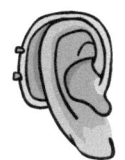

hoorapparaat

тачҳизоти шунавой

ontsmettingsmiddel

моддаи безараргардонӣ

infectie

инфексия

virus

вирус

HIV / AIDS

ВИЧ / СПИД

medicijn

дору

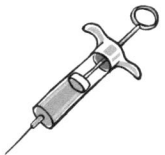

vaccinatie

ваксинатсия

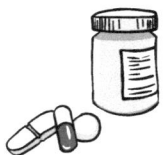

tabletten

ҳабҳо

pil

ҳаб

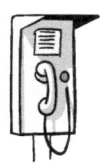

noodoproep

занги изтирорй

bloeddrukmeter

монитори фишори хун

ziek / gezond

бемор/солим

Help!

Кумак!

alarm

ҳушдор

overval

ҳуҷум

aanval

ҳамла

gevaar

хатар

nooduitgang

баромадгоҳи таҳлиявӣ

Brand!

Сӯхтор!

brandblusser

оташнишон

ongeval

садама

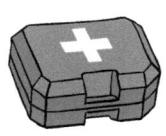

EHBO-kit

дорукуттӣ

SOS

бонги хатар

politie

полис

Europa

Аврупо

Noord-Amerika

Америкаи Шимолӣ

Zuid-Amerika

Америкаи Ҷанубӣ

Afrika

Африка

Azië

Осиё

Australië

Австралия

Atlantische Oceaan

Уқёнуси Атлантик

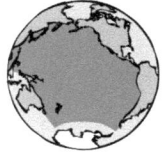

Stille Oceaan

Уқёнуси Ором

Indische Oceaan

Уқёнуси Ҳинд

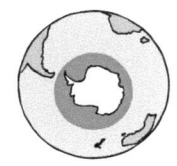

Antarctische Oceaan

Уқёнуси Антарктика

Arctische Oceaan

Уқёнуси Арктика

Noordpool

Қутби шимол

Zuidpool

Қутби ҷануб

Antarctica

Антарктика

aarde

замин

land

замин

zee

баҳр

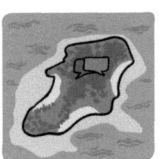

eiland

ҷазира

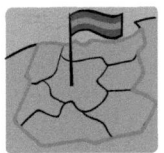

natie

миллат

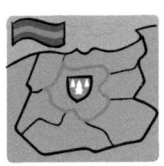

staat

давлат

aarde - замин

wijzerplaat

сиферблат

uurwijzer

ақрабаки соат

minuutwijzer

ақрабаки дақиқашумор

secondewijzer

ақрабаки сонияшумор

Hoe laat is het?

Соат чанд?

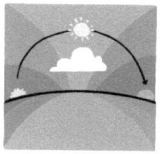

dag

рӯз

tijd

замон

nu

ҳозир

digitale horloge

соати электронӣ

minuut

лаҳза

uur

соат

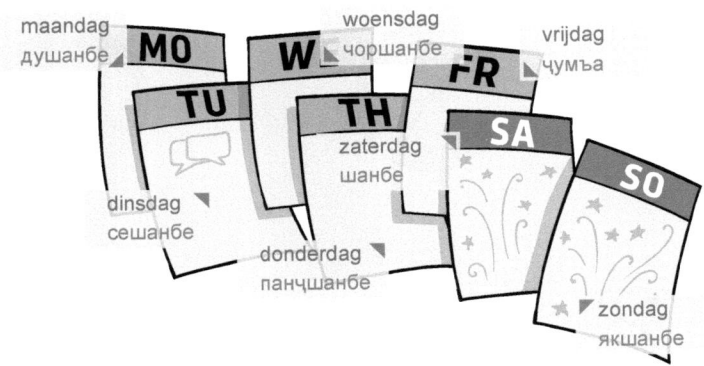

maandag
душанбе **MO**

woensdag
чоршанбе **W**

vrijdag
ҷумъа **FR**

TU

TH

SA

dinsdag
сешанбе

zaterdag
шанбе

donderdag
панҷшанбе

SO

zondag
якшанбе

gisteren

дирӯз

vandaag

имрӯз

morgen

фардо

ochtend

пагоҳирӯзӣ

middag

нимрӯз

avond

шом

werkdagen

рӯзҳои корӣ

weekend

истироҳат

regen
борон

regenboog
рангинкамон

sneeuw
барф

wind
шамол

lente
баҳор

herfst
тирамоҳ

zomer
тобистон

winter
зимистон

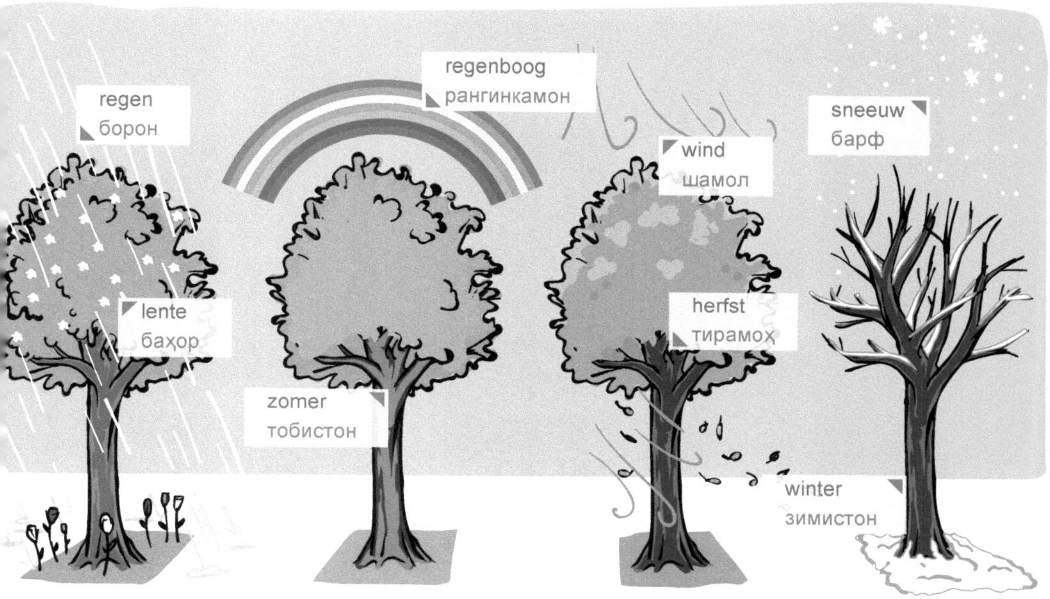

weervoorspelling

Обу ҳаво

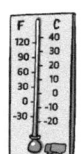

thermometer

ҳароратсанҷ

zonneschijn

равшании офтоб

wolk

абр

mist

туман

vochtigheid

намнок

bliksem

барқ

donder

тундар

storm

тӯфон

hagel

жола

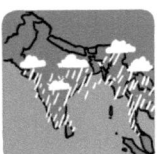

moesson

муссон

overstroming

обхезӣ

ijs

ях

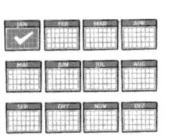

januari

январ

februari

феврал

maart

март

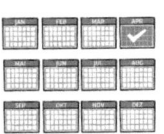

april

апрел

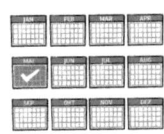

mei

май

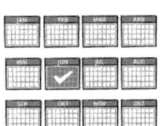

juni

июн

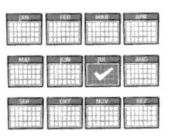

juli

июл

augustus

август

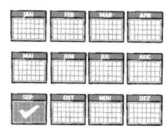

september
....
сентябр

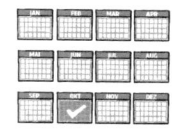

oktober
....
октябр

november
....
ноябр

december
....
декабр

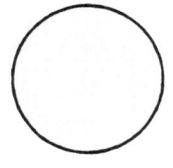

cirkel
....
давра

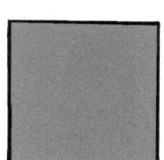

kwadraat
....
мураббаъ

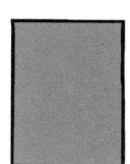

rechthoek
....
росткуньа

driehoek
....
секуньа

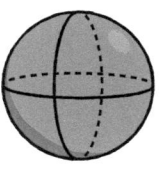

bol
....
соњаи

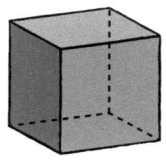

kubus
....
мукааб

wit
....
гулобӣ

geel
....
хокистаранг

oranje
....
зард

roze
....
бунафшранг

rood
....
сурх

paars
....
қаҳваранг

blauw
....
кабуд

groen
....
сиёҳ

bruin
....
кабуд

grijs
....
сафед

zwart
....
сабз

veel / weinig

бисёр/кам

boos / kalm

хашмгин / ором

mooi / lelijk

зебо/безеб

begin / einde

оғози / охири

groot / klein

калон/хурд

licht / donker

дурахшон / торик

broer / zus

бародари / хоҳар

proper / vuil

тоза/чиркин

volledig / onvolledig

пурра / нопурра

dag / nacht

рӯзи / шаб

dood / levend

мурдагон / зинда

breed / smal

кушод/танг

eetbaar / oneetbaar

хӯрданӣ / хӯрданашаванда

kwaadaardig / vriendelijk

бад/нек

opgewonden / verveeld

ба ҳаяҷон / дилгир

dik / dun

ғавс/борик

eerst / laatst

якум/охирин

vriend / vijand

Дӯсти / душмани

vol / leeg

пур/холӣ

hard / zacht

сахт/мулоим

zwaar / licht

вазнин/сабук

honger / dorst

гуруснагӣ / ташнагӣ

ziek / gezond

бемор/солим

illegaal / legaal

ғайриқонунӣ / ҳуқуқӣ

intelligent / dom

соҳибақл / беақл

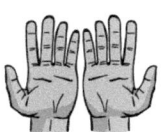

links / rechts

рост/чап

dichtbij / veraf

наздик/дур

tegengestelden - мухолифат

nieuw / gebruikt

нави / истифода бурда мешавад

niets / iets

ҳеҷ / чизе

oud / jong

пир/ҷавон

aan / uit

оид / хомӯш

open / dicht

кушода/пӯшида

stil / luid

паст/баланд

rijk / arm

бой/камбағал

juist / fout

дуруст/нодуруст

ruw / glad

дурушт/ҳамвор

droevig / blij

ғамгин/хушбахт

kort / lang

кӯтоҳ/дароз

traag / snel

оҳиста/тез

nat / droog

тар/хушк

warm / koud

гарм / сард

oorlog / vrede

ҷанг / сулҳ

0

nul

нол

1

één

як

2

twee

ду

3

drie

се

4

vier

чор

5

vijf

панҷ

6

zes

шаш

7

zeven

ҳафт

8

acht

ҳашт

9

negen

нӯҳ

10

tien

даҳ

11

elf

ёздаҳ

12

twaalf

дувоздаҳ

13

dertien

сензdaҳ

14

veertien

чордaҳ

15

vijftien

понздaҳ

16

zestien

шонздaҳ

17

zeventien

ҳабдaҳ

18

achtien

ҳаждaҳ

19

negentien

нуздaҳ

20

twintig

бист

100

honderd

сад

1.000

duizend

ҳазор

1.000.000

miljoen

миллион

Engels

англисӣ

Amerikaans Engels

англисии амрикой

Chinees (Mandarijn)

мандарини хитой

Hindi

ҳиндӣ

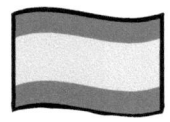

Spaans

испанӣ

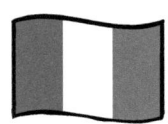

Frans

фаронсавӣ

Arabisch

арабӣ

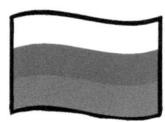

Russisch

русӣ

Portugees

португалӣ

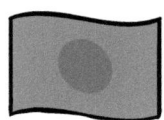

Bengali

бенгалӣ

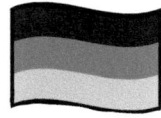

Duits

олмонӣ

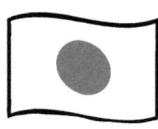

Japans

ҷопонӣ

ik

ман

u

шумо

hij / zij / het

Ӯ / вай / он

wij

мо

u

шумо

ze

онҳо

wie?

ки?

wat?

чӣ?

hoe?

Чӣ хел?

waar?

дар куҷо?

wanneer?

кай?

naam

ном

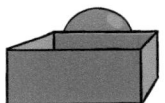

achter

аз паси

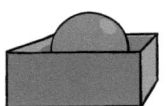

in

дар

voor

дар пеши

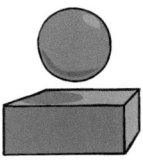

boven

дар болои

op

дар рӯи

onder

дар зери

naast

дар назди

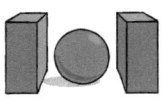

tussen

миёни

plaats

чой